ESTE LIBRO PERTENECE A

_____

ORACIONES Y PROMESAS

para las

niñas

BroadStreet
ESPAÑOL

ÍNDICE

Introducción

¡Ser hija de Dios es una bendición maravillosa! Puedes gozarte al saber que Él te hizo de manera especial y que quiere relacionarse contigo. Si lees todos los días de su Palabra, aunque sea un poquito, sonreirás y te llenarás de esperanza.

Oraciones y promesas para las niñas es una colección organizada por temas sobre las promesas de Dios, las cuales te guiarán a través de lecciones de belleza, confianza, amor, gozo, sabiduría y mucho más. Las oraciones sinceras y las preguntas motivadoras te dan la oportunidad de meditar más profundamente sobre las promesas que encuentras en la Palabra de Dios.

Recibe ánimo al encontrarte con Dios y aprender más sobre el amor que Él siente por ti.

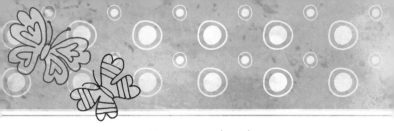

Seguridad

Pues todo lo puedo hacer por medio de Cristo,
quien me da las fuerzas.

FILIPENSES 4:13 NTV

Sé tú mi roca de refugio adonde pueda yo siempre acudir;
da la orden de salvarme, porque tú eres mi roca,
mi fortaleza. Tú, Soberano SEÑOR, has sido mi esperanza;
en ti he confiado desde mi juventud.

SALMOS 71:3, 5 NVI

El SEÑOR estará siempre contigo
y evitará que caigas en la trampa.

PROVERBIOS 3:26 NBV

Amado Dios, no siempre me siento segura de mí misma. A veces duele compararme con los demás. Ayúdame a no pensar de esta manera, porque contigo no necesito a nadie más. Dame la seguridad que necesito para mantenerme firme todos los días.

¿De qué manera Jesús te hace sentir segura?

Bendiciones

Tú bendices al justo, oh Señor,
y con tu escudo de amor lo proteges.

Salmos 5:12 NBV

Lo dotaste de eterna felicidad. Le concediste
el inagotable gozo de tu presencia.

Salmos 21:6 NBV

«Pero aún más bendito es todo el que escucha
la palabra de Dios y la pone en práctica».

Lucas 11:28 NTV

Alabado sea Dios, Padre de nuestro Señor Jesucristo,
que nos bendijo con toda clase de bendiciones espirituales
en los cielos porque pertenecemos a Cristo.
Desde antes que formara el mundo, Dios nos escogió
para que fuéramos suyos a través de Cristo, y resolvió
hacernos santos y sin falta ante su presencia.

Efesios 1:3-4 NBV

Amado Dios, gracias por todo lo que me has dado.
Mi corazón está feliz por los amigos que me has dado
y por los momentos alegres que me permites tener. Te pido
que yo te honre con las bendiciones que me has dado.

¿Con qué dones te ha bendecido Dios recientemente?

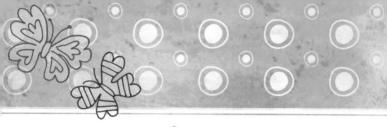

Perdón

Si perdonan a otros sus ofensas, también los perdonará
a ustedes su Padre celestial.

Mateo 6:14 nvi

Sopórtense unos a otros y perdonen a quienes se quejen
de ustedes. Si el Señor los perdonó, ustedes están
obligados a perdonar.

Colosenses 3:13 nbv

Pero si confesamos a Dios nuestros pecados,
él, que es fiel y justo, nos perdonará y nos limpiará
de toda maldad.

1 Juan 1:9 nbv

Dios es tan rico en gracia y bondad que compró
nuestra libertad con la sangre de su Hijo y perdonó
nuestros pecados.

Efesios 1:7 ntv

Amado Dios, perdonas a los demás no siempre es fácil. A veces, mis amigos son groseros conmigo, y no me dan ganas de hacer las paces. Por favor, ayúdame a perdonar a los demás, así como tú me perdonaste a mí.

¿A quién debes perdonar hoy?

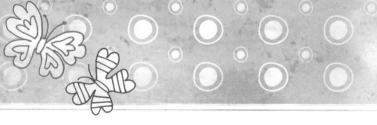

Esperanza

Bueno es el Señor con quienes en él confían,
con todos los que lo buscan.

LAMENTACIONES 3:25 NVI

Y esa esperanza nunca nos defrauda,
pues Dios llenó nuestros corazones de su amor
por medio del Espíritu Santo que él mismo nos dio.

ROMANOS 5:5 NBV

Al Señor le agrada la gente que lo respeta,
los que confían en su fiel amor.

SALMOS 147:11 PDT

Amado Dios, gracias por darme una esperanza viva.
Jesús murió por mí y me regaló al Espíritu Santo.
Guíame para que te busque en todo lo que hago, porque
yo sé que tú nunca me vas a decepcionar.

Al saber que Dios está siempre contigo,
¿qué es lo que estás esperando?

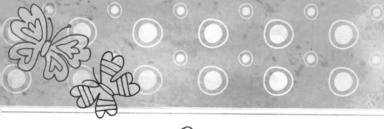

Paz

Yo les he dicho estas cosas para que en mí
encuentren paz. En este mundo van a sufrir,
pero anímense, yo he vencido al mundo.

JUAN 16:33 NBV

El SEÑOR le da fuerza a su pueblo;
el SEÑOR lo bendice con paz.

SALMOS 29:11 NTV

Que el Señor de paz les conceda su paz siempre
y en todas las circunstancias.
El Señor sea con todos ustedes.

2 TESALONICENSES 3:16 NVI

Les dejo un regalo: paz en la mente y en el corazón.
Y la paz que yo doy es un regalo que el mundo no puede dar.
Así que no se angustien ni tengan miedo.

JUAN 14:27 NTV

Amado Dios, gracias por el regalo de la paz. Tengo paz en mi mente y en mi corazón. Sé que proviene de ti y no del mundo. En circunstancias difíciles, ayúdame a recordar que tú ya ganaste la batalla.

¿Cómo entiendes que es la paz?

Salvación

Pues Dios amó tanto al mundo que dio a su único Hijo,
para que todo el que crea en él no se pierda,
sino que tenga vida eterna.

JUAN 3:16 NTV

Porque la paga del pecado es muerte, mientras que la
dádiva de Dios es vida eterna en Cristo Jesús, nuestro Señor.

ROMANOS 6:23 NVI

Por su misericordia y por medio de la fe, ustedes son
salvos. No es por nada que ustedes hayan hecho.
La salvación es un regalo de Dios.

EFESIOS 2:8 NBV

Si declaras abiertamente que Jesús es el Señor
y crees en tu corazón que Dios lo levantó
de los muertos, serás salvo.

ROMANOS 10:9 NTV

Amado Jesús, gracias por morir en la cruz por mí. Sé que soy pecadora, y tú eres el único camino hacia la vida eterna en el cielo. Quiero entregarte completamente mi corazón para poder estar contigo siempre.

¿Sabes qué significa ser salva?

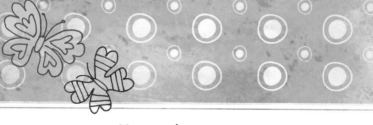

Agradecimiento

No he dejado de dar gracias por ustedes
al recordarlos en mis oraciones.

EFESIOS 1:16 NVI

Dar gracias es un sacrificio que verdaderamente
me honra; si permanecen en mi camino,
les daré a conocer la salvación de Dios.

SALMOS 50:23 NTV

Estén siempre alegres, oren sin cesar,
den gracias a Dios en toda situación,
porque esta es su voluntad para ustedes
en Cristo Jesús.

1 TESALONICENSES 5:16-18 NVI

Entremos por sus puertas con canciones de alabanza
y gratitud. Démosle gracias y bendigamos su nombre.

SALMOS 100:4 NBV

Amado Dios, ¡eres tan bueno! Gracias por este día.
Gracias por mis amigas y mi familia. Ayúdame a agradecerte
en todo lo que haga y diga. Es por ti que recibo todas las
bendiciones.

¿Qué quieres agradecerle a Dios en este momento?

Preocupación

Confía al Señor todas tus preocupaciones,
porque él cuidará de ti; él nunca permitirá
que el justo quede derribado para siempre.

Salmos 55:22 pdt

¿Quién de ustedes, por mucho que se preocupe,
puede añadir una sola hora al curso de su vida?

Lucas 12:25 nvi

La preocupación agobia a la persona;
una palabra de aliento la anima.

Proverbios 12:25 ntv

No se preocupen por nada; en cambio, oren por todo.
Díganle a Dios lo que necesitan y denle gracias por todo lo que él
ha hecho. Así experimentarán la paz de Dios, que supera todo
lo que podemos entender. La paz de Dios cuidará su corazón
y su mente mientras vivan en Cristo Jesús.

Filipenses 4:6-7 ntv

Amado Dios, sé que en nada ayuda el preocuparme por mis problemas. Tú eres todo lo que necesito. Nunca permitirás que yo me desanime. Te doy gracias por eso, Jesús. ¿Me enseñas a aprender a confiar en ti en cada una de mis preocupaciones?

¿Qué preocupaciones quieres entregarle a Dios hoy?

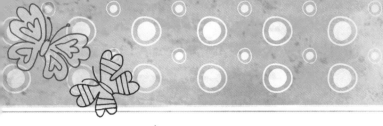

Honestidad

Mantenme alejado de caminos torcidos;
concédeme las bondades de tu ley.
He optado por el camino de la fidelidad,
he escogido tus juicios.

<small>Salmos 119:29-30 nvi</small>

Todo lo que está escondido se descubrirá.
Todo secreto se llegará a conocer y saldrá a la luz.

<small>Lucas 8:17 pdt</small>

El rey se complace en las palabras de labios justos;
ama a quienes hablan con la verdad.

<small>Proverbios 16:13 ntv</small>

Más bien, al vivir la verdad con amor, creceremos
y cada vez seremos más semejantes en todo a Cristo,
que es nuestra Cabeza.

<small>Efesios 4:15 nbv</small>

Amado Dios, ayúdame siempre a ser honesta. No quiero mentirle a mi familia ni a mis amigos, porque eso lastima. Mentir es pecado. Hazme más como tú, Jesús.

¿Hay algo que debes decir con honestidad?

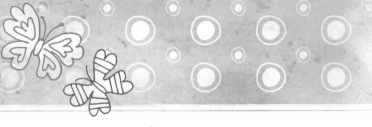

Victoria

Se prepara al caballo para el día de la batalla,
pero la victoria es del Señor.

<small>Proverbios 21:31 nbla</small>

Pues todo hijo de Dios vence a este mundo de maldad,
y logramos esa victoria por medio de nuestra fe.

<small>1 Juan 5:4 ntv</small>

Tuya es, Señor, la salvación;
¡envía tu bendición sobre tu pueblo!

<small>Salmos 3:8 nvi</small>

Por lo tanto, mis amados hermanos,
manténganse fieles al Señor. Los amo y anhelo verlos,
mis queridos amigos, porque ustedes son mi alegría
y la corona que recibo por mi trabajo.

<small>Filipenses 4:1 ntv</small>

Querido Jesús, gracias a ti ¡ya soy victoriosa! Gracias por vencer al mundo y por recibirme con los brazos abiertos. Espero que todo lo que haga te complazca.

Si tienes a Jesús en tu vida, ¡eres victoriosa!
Escribe a continuación tu victoria más reciente.

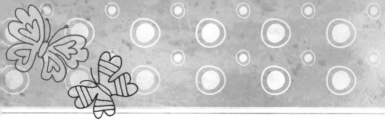

Respeto

Respeten a todos y amen a la familia de creyentes.
Teman a Dios y respeten al rey.

1 Pedro 2:17 ntv

Obedezcan a sus líderes espirituales y hagan
lo que ellos dicen. Su tarea es cuidar el alma de ustedes
y tienen que rendir cuentas a Dios. Denles motivos
para que la hagan con alegría y no con dolor.
Esto último ciertamente no los beneficiará a ustedes.

Hebreos 13:17 ntv

No hagan nada por egoísmo o vanidad;
más bien, con humildad consideren a los demás
como superiores a ustedes mismos.

Filipenses 2:3 nvi

Querido Jesús, te pido que la gente pueda verte a través de mí. El respeto a los demás es importante para ti; por eso, también es importante para mí. Una parte del respeto es la obediencia, y tú dices que obedezca a mis líderes, al igual que a mi mamá, a mi papá y a mis maestros. Ayúdame siempre a mantenerlo presente.

¿Cómo les muestras respeto a tus líderes?

Oración

Señor, escucha mi voz por la mañana;
cada mañana llevo a ti mis peticiones
y quedo a la espera.

Salmos 5:3 ntv

Nunca dejen de orar.

1 Tesalonicenses 5:17 pdt

El Señor se mantiene lejos de los impíos,
pero escucha las oraciones de los justos.

Proverbios 15:29 nvi

Vamos, arrodillémonos ante el Señor
nuestro hacedor.

Salmos 95:6 nbv

Amado Dios, a veces no hablo tanto contigo como debería. ¡Orar es muy importante! Soy dichosa, porque tú me amas. Gracias por escuchar mis oraciones.

¿Sobre qué quieres orar ahora?

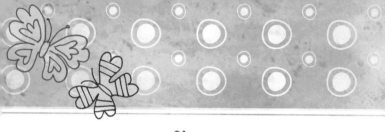

Amor

Tres cosas durarán para siempre: la fe, la esperanza
y el amor; y la mayor de las tres es el amor.

1 Corintios 13:13 ntv

Eres bueno y perdonas, Señor; es abundante tu fiel amor
para todos los que te piden ayuda.

Salmos 86:5 pdt

Llénanos con tu amor por la mañana,
y toda nuestra vida cantaremos de alegría.

Salmos 90:14 nbv

Que nunca te abandonen el amor y la verdad:
llévalos siempre alrededor de tu cuello y escríbelos
en el libro de tu corazón.

Proverbios 3:3 nvi

Querido Jesús, eres un Dios amoroso. Estoy agradecida de ser tu hija. El amor se trata de poner a los demás antes que a mí misma, así que te ruego que yo pueda diariamente mostrarles amor a los demás, tal como lo haces tú.

¿Qué es lo que puedes darle amorosamente a alguien más?

Protección

Mi Dios es mi roca, en quien encuentro protección.
Él es mi escudo, el poder que me salva y mi lugar seguro.
Él es mi refugio, mi salvador,
el que me libra de la violencia.

2 Samuel 22:3 ntv

El Señor te libra de todo mal y cuida tu vida.
El Señor te protege al entrar y al salir,
ahora y para siempre.

Salmos 121:7-8 ntv

Estamos acosados por problemas,
pero no estamos vencidos. Enfrentamos grandes
dificultades, pero no nos desesperamos. Nos persiguen,
pero Dios no nos abandona nunca. Nos derriban,
pero no nos pueden destruir.

2 Corintios 4:8-9 nbv

Amado Dios, me siento segura sabiendo que siempre estás protegiéndome. Nunca debo temerles a las cosas de este mundo. Gracias por ser mi defensor. Ayúdame a pensar en ti la próxima vez que tenga miedo.

¿Cómo te sientes al saber que Dios te protege siempre?

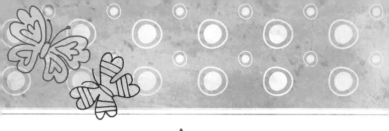

Honra

El Padre honrará a todo el que me sirva.

Juan 12:26 nvi

Así que humíllense ante el gran poder de Dios y,
a su debido tiempo, él los levantará con honor.

1 Pedro 5:6 ntv

El que va tras la justicia y el amor halla vida,
prosperidad y honra.

Proverbios 21:21 nvi

Sean afectuosos unos con otros con amor fraternal;
con honra, dándose preferencia unos a otros.

Romanos 12:10 nbla

Amado Dios, te pido que yo pueda honrar a quienes me rodean tal como tú honras a tus hijos. Ayúdame a ser humilde y bondadosa. Quiero parecerme más a ti todos los días.

¿Qué significa honrar a alguien más?

Culpabilidad

Pero si confesamos a Dios nuestros pecados,
él, que es fiel y justo, nos perdonará y nos limpiará
de toda maldad.

1 Juan 1:9 nbv

Por cuanto el Señor omnipotente me ayuda,
no seré humillado. Por eso endurecí mi rostro como
el pedernal, y sé que no seré avergonzado.

Isaías 50:7 nvi

Los que a Él miraron, fueron iluminados;
sus rostros jamás serán avergonzados.

Salmos 34:5 nbla

No, amados hermanos, no lo he logrado, pero me
concentro únicamente en esto: olvido el pasado y fijo
la mirada en lo que tengo por delante.

Filipenses 3:13 ntv

Amado Dios, ayúdame a reconocer mis pecados para que pueda ser perdonada. No quiero andar en vergüenza y culpabilidad por los pecados que he cometido. Mi objetivo es mantener mi corazón y mi mente fijos en ti.

¿Por qué Dios no quiere que sintamos culpabilidad y vergüenza?

Temor

Pues Dios no nos ha dado un espíritu de temor y timidez
sino de poder, amor y autodisciplina.

2 Timoteo 1:7 ntv

El Señor es mi luz y mi salvación; ¿a quién temeré?
El Señor es el baluarte de mi vida;
¿quién podrá amedrentarme?

Salmos 27:1 nvi

Cuando siento miedo, pongo en ti mi confianza.
Confío en Dios y alabo su palabra; confío en Dios y no
siento miedo. ¿Qué puede hacerme un simple mortal?

Salmos 56:3-4 nvi

Amado Dios, gracias por darme un espíritu de poder y de amor. Cuando sienta miedo, ayúdame a confiar en ti. Como tú estás conmigo, no le temo a nadie.

¿Cuáles de tus temores puedes entregarle a Dios en este momento?

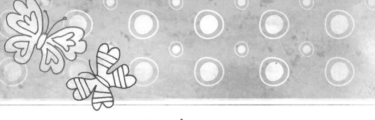

Valentía

Por último, fortalézcanse con el gran poder del Señor.
Pónganse toda la armadura de Dios para que puedan
hacer frente a las artimañas del diablo.

EFESIOS 6:10-11 NVI

Manténganse alerta; permanezcan firmes en la fe;
sean valientes y fuertes. Hagan todo con amor.

1 CORINTIOS 16:13-14 NVI

Aun si voy por valles tenebrosos,
no temo peligro alguno porque tú estás a mi lado;
tu vara de pastor me reconforta.

SALMOS 23:4 NVI

Mi mandato es: «¡Sé fuerte y valiente! No tengas miedo
ni te desanimes, porque el Señor tu Dios está contigo
dondequiera que vayas».

JOSUÉ 1:9 NTV

Amado Dios, tú me mandas a ser siempre valiente. Contigo, no me desanimaré ni tendré miedo. Qué bien se siente ponerme toda la armadura de Dios. Gracias por estar conmigo a donde quiera que vaya.

¿Cuándo fue la vez más reciente en que demostraste valentía?

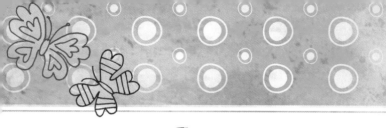

Enojo

¡Ya no sigas enojado! ¡Deja a un lado tu ira!
No pierdas los estribos, que eso únicamente causa
daño. Pues los perversos serán destruidos, pero los que
confían en el Señor poseerán la tierra.

Salmos 37:8-9 ntv

Todos deben estar listos para escuchar, y ser lentos
para hablar y para enojarse; pues la ira humana
no produce la vida justa que Dios quiere.

Santiago 1:19-20 nvi

«No pequen al dejar que el enojo los controle».
No permitan que el sol se ponga mientras siguen enojados.

Efesios 4:26 ntv

Amado Dios, por favor, ayúdame a ser lenta para la ira. Tú quieres que yo sea paciente y compresiva. Te ruego que cada noche yo pueda dormir sin que en mi corazón haya enojo por alguien.

¿Qué significa ser presta para escuchar y lenta para hablar?

Determinación

¿No saben que en una carrera todos los corredores
compiten, pero solo uno obtiene el premio?
Corran, pues, de tal modo que lo obtengan.

1 Corintios 9:24 nvi

Me esforcé tanto por encontrarte; no permitas
que me aleje de tus mandatos.

Salmos 119:10 ntv

He peleado la buena batalla, he terminado la carrera
y he permanecido fiel.

2 Timoteo 4:7 ntv

No nos cansemos de hacer el bien, porque a su debido
tiempo cosecharemos si no nos damos por vencidos.

Gálatas 6:9 nvi

Querido Jesús, quiero ganar. Quiero ganar porque el premio es vivir contigo en el cielo. Ayúdame a seguir intentando, incluso cuando esté cansada. Gracias por animarme.

¿Qué sientes al saber que Dios quiere que ganes?

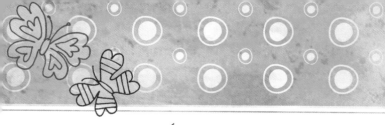

Ánimo

El Señor tu Dios está en medio de ti. Él es un guerrero
que da la victoria; con regocijo demostrará su alegría
por ti. Tendrá un nuevo amor por ti.
Festejará por ti con cantos alegres.

<small>Sofonías 3:17 PDT</small>

Mientras dure ese «hoy»,
anímense unos a otros cada día.

<small>Hebreos 3:13 NVI</small>

Las palabras amables son como la miel:
dulces al alma y saludables para el cuerpo.

<small>Proverbios 16:24 NTV</small>

Estén alegres. Crezcan hasta alcanzar la madurez.
Vivan en paz y armonía. Entonces el Dios de amor
y paz estará con ustedes.

<small>2 Corintios 13:11 NTV</small>

Amado Dios, gracias por ser tan bueno y amoroso conmigo.
Es bueno recibir recordatorios de gozo y de paz. Ayúdame a
animar a mis amigos y a mi familia, así como me animas tú.

¿Cómo puedes animar a alguien hoy?

Libertad

Ahora bien, el Señor es el Espíritu; y,
donde está el Espíritu del Señor, allí hay libertad.

2 Corintios 3:17 nvi

Pues ustedes, mis hermanos, han sido llamados a vivir
en libertad; pero no usen esa libertad para satisfacer
los deseos de la naturaleza pecaminosa. Al contrario,
usen la libertad para servirse unos a otros por amor.

Gálatas 5:13 ntv

Así que, si el Hijo los libera,
serán ustedes verdaderamente libres.

Juan 8:36 ntv

Querido Jesús, sé que tú me libertaste para que yo pueda tomar la decisión de hacer el bien. Sin embargo, soy pecadora, lo que significa que, a veces, elijo hacer lo malo. Ayúdame a vivir para ti. ¡Gracias por libertarme!

¿Cómo te sientes ahora que has sido libre de tu pecado?

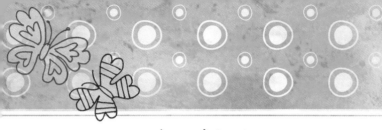

Humildad

«Con mis manos hice tanto el cielo como la tierra;
son míos, con todo lo que hay en ellos».
¡Yo, el Señor, he hablado! «Bendeciré a los que tienen
un corazón humilde y arrepentido,
a los que tiemblan ante mi palabra».

Isaías 66:2 ntv

Humíllense delante del Señor,
y él los levantará con honor.

Santiago 4:10 ntv

El Señor te ha dicho lo que es bueno, y lo que él exige
de ti: que hagas lo que es correcto,
que ames la compasión y que camines
humildemente con tu Dios.

Miqueas 6:8 ntv

Amado Dios, quiero ser el tipo de persona que tú valoras.
A veces es más fácil sentirme egoísta y orgullosa. Debo
recordar que todas las bendiciones que tengo provienen de ti.
Ayúdame a ser humilde cada día.

¿Cuándo fue la vez más reciente en que
actuaste orgullosa cuando debiste
haber sido humilde?

Amistad

El verdadero amigo siempre ama, y en tiempos
de necesidad es como un hermano.

Proverbios 17:17 nbv

Hay quienes parecen amigos, pero se destruyen
unos a otros; el amigo verdadero
se mantiene más leal que un hermano.

Proverbios 18:24 ntv

Nadie tiene amor más grande que el dar la vida por
sus amigos. Ustedes son mis amigos si hacen lo que
yo les mando. Ya no los llamo siervos, porque el siervo
no está al tanto de lo que hace su amo; los he llamado
amigos, porque todo lo que a mi Padre le oí decir
se lo he dado a conocer a ustedes.

Juan 15:13-15 nvi

Haz a otros todo lo que quieras que te hagan a ti.

Mateo 7:12 nvi

Amado Dios, me alegra saber que puedo considerarte mi amigo. Eres el ejemplo perfecto. Mis amigas y yo no siempre nos llevamos bien, así que ayúdame siempre a tratarlas con amor y respeto.

¿Por cuál de tus amigas quieres orar en este momento?

Gozo

Que el Dios de la esperanza los llene de toda alegría
y paz a ustedes que creen en él, para que rebosen
de esperanza por el poder del Espíritu Santo.

Romanos 15:13 nvi

«¡No se desalienten ni entristezcan,
porque el gozo del Señor es su fuerza!».

Nehemías 8:10 ntv

El Señor es mi fortaleza y mi escudo;
confío en él con todo mi corazón.
Me da su ayuda y mi corazón se llena de alegría;
prorrumpo en canciones de acción de gracias.

Salmos 28:7 ntv

Estén siempre llenos de alegría en el Señor.
Lo repito, ¡alégrense!

Filipenses 4:4 ntv

Querido Jesús, ¡hoy estoy feliz! Gracias por ser el Dios de amor y de gozo. Ayúdame a brillar para ti y a hablarles de este gozo a los demás.

¿Cuál fue el momento más gozoso que tuviste esta semana?

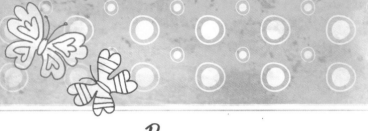

Paciencia

Hermanos, les rogamos que amonesten a los perezosos.
Alienten a los tímidos. Cuiden con ternura a los débiles.
Sean pacientes con todos.

1 Tesalonicenses 5:14 ntv

Sigan el ejemplo de quienes por medio de la fe
y la constancia están recibiendo la herencia
que Dios les ha prometido.

Hebreos 6:12 dhh

Siempre humildes y amables, pacientes,
tolerantes unos con otros en amor.

Efesios 4:2 nvi

El que es paciente muestra gran discernimiento;
el que es agresivo muestra mucha insensatez.

Proverbios 14:29 nvi

Amado Dios, no siempre es fácil ser paciente con los demás.
A veces, me enojan o se tardan mucho en hacer las cosas.
Quiero ser una amiga amable y una hija dulce. Ayúdame
a ser más paciente con mis amigas y mi familia.

De entre los que te rodean, ¿con quién podrías
ser más paciente?

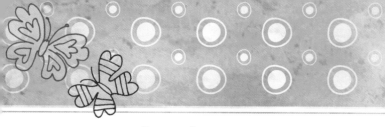

Obediencia

Hijos, obedezcan a sus padres en todo,
porque esto agrada al Señor.

<small>Colosenses 3:20 nvi</small>

Aun a los niños se les conoce por su modo de actuar,
si su conducta es o no pura y recta.

<small>Proverbios 20:11 ntv</small>

El que cumple los mandamientos conserva su vida;
el que los desprecia muere.

<small>Proverbios 19:16 nbv</small>

Recuerden que es pecado saber
lo que se debe hacer y luego no hacerlo.

<small>Santiago 4:17 ntv</small>

Amado Dios, no siempre tengo ganas de hacer lo que mis padres me dicen. A veces se siente como algo injusto, pero tú dices que debo obedecerles en todo. Ayúdame a ser buena y obediente con mis padres y contigo.

¿Por qué quiere Dios que obedezcas
a tus padres en todo?

Entendimiento

El entendimiento es fuente de vida para el que lo posee,
pero la instrucción de los necios es necedad.

Proverbios 16:22 nbla

La enseñanza de tu palabra da luz, de modo que
hasta los simples pueden entender.

Salmos 119:130 ntv

Dame entendimiento para seguir tu ley,
y la cumpliré de todo corazón.

Salmos 119:34 nvi

No actúen sin pensar, más bien procuren entender
lo que el Señor quiere que hagan.

Efesios 5:17 ntv

Amado Dios, no siempre sé todo lo que quieres que haga, pero quiero obedecerte. Cuando esté confundida y no sepa a dónde ir, hablaré contigo en oración, porque quiero entender tus caminos y llegar a ser más como tú.

¿Hay algo que deseas que Dios te ayude a entender?

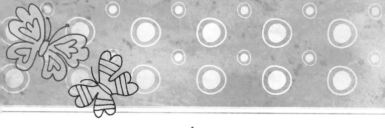

Excelencia

Por lo demás, hermanos, todo lo que es verdadero,
todo lo digno, todo lo justo, todo lo puro, todo lo amable,
todo lo honorable, si hay alguna virtud o algo
que merece elogio, en esto mediten.

<small>FILIPENSES 4:8 NBLA</small>

Mediante su divino poder, Dios nos ha dado todo lo que
necesitamos para llevar una vida de rectitud. Todo esto lo
recibimos al llegar a conocer a aquel que nos llamó
por medio de su maravillosa gloria y excelencia.

<small>2 PEDRO 1:3 NTV</small>

Así que, sea que coman o beban o cualquier otra cosa
que hagan, háganlo todo para la gloria de Dios.

<small>1 CORINTIOS 10:31 NTV</small>

Amado Dios, sé que nadie es perfecto, pero la excelencia es algo importante para ti. Por favor, ayúdame a tener pensamientos puros y amables a lo largo del día. Quiero hacer mi mejor esfuerzo para honrarte.

¿En qué áreas te gustaría ser excelente para Dios?

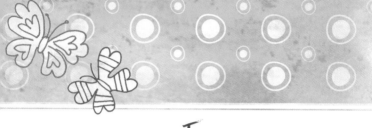

Fe

Por medio de Cristo, han llegado a confiar en Dios. Y han
puesto su fe y su esperanza en Dios, porque él levantó a
Cristo de los muertos y le dio una gloria inmensa.

1 Pedro 1:21 ntv

—Ustedes no tienen la fe suficiente —les dijo Jesús—.
Les digo la verdad, si tuvieran fe, aunque fuera tan
pequeña como una semilla de mostaza, podrían decirle
a esta montaña: «Muévete de aquí hasta allá»,
y la montaña se movería. Nada sería imposible.

Mateo 17:20 ntv

Lo que importa es la fe que trabaja por medio del amor.

Gálatas 5:6 pdt

La fe es la garantía de lo que se espera,
la certeza de lo que no se ve.

Hebreos 11:1 nvi

Amado Dios, la fe es algo confuso. No es algo que yo pueda ver, tocar o escuchar, sino que es confiar en ti con todo mi corazón. Sé que Jesús murió por mí para que, un día, yo pueda vivir en el cielo contigo. Jesús, por favor, ven a vivir en mi corazón hoy. Quiero estar siempre contigo.

¿Qué es lo que te da fe y esperanza en Jesús?

Sabiduría

Pues la sabiduría entrará en tu corazón,
y el conocimiento te llenará de alegría. Las decisiones
sabias te protegerán; el entendimiento te mantendrá
a salvo. La sabiduría te salvará de la gente mala,
de los que hablan con palabras retorcidas.

PROVERBIOS 2:10-12 NTV

La sabiduría y el dinero abren casi todas las puertas,
pero solo la sabiduría puede salvarte la vida.

ECLESIASTÉS 7:12 NTV

Si necesitan sabiduría, pídansela a nuestro generoso
Dios, y él se la dará; no los reprenderá por pedirla.

SANTIAGO 1:5 NTV

Amado Dios, me has convertido en una chica muy inteligente, pero habrá momentos en mi vida cuando no sabré qué debo hacer. Allí es cuando debería abrir mis oídos y pensar antes de hablar. Sabiduría es pedirte ayuda y aceptar que te necesito.

¿Cómo puedes usar la sabiduría de Dios para tomar mejores decisiones?

Confiabilidad

Los seres humanos son como la hierba,
su belleza es como la flor del campo. La hierba se seca
y la flor se marchita. Pero la palabra del Señor
permanece para siempre.

1 PEDRO 1:24-25 NTV

Todo lo que es bueno y perfecto es un regalo que
desciende a nosotros de parte de Dios nuestro Padre,
quien creó todas las luces de los cielos. Él nunca cambia
ni varía como una sombra en movimiento.

SANTIAGO 1:17 NTV

Tú, SEÑOR, también estás cerca, y todos tus
mandamientos son verdad. Desde hace mucho conozco
tus estatutos, los cuales estableciste para siempre.

SALMOS 119:151-152 NVI

Amado Dios, es difícil entender que tú eres eterno. Las plantas se secan cuando no las regamos. Las mascotas no viven tanto como la familia a la que pertenecen. Es confuso. Ayúdame a contar contigo, porque sé que siempre puedo confiar en ti.

¿Cómo te sientes al saber que puedes contar con Dios para cualquier cosa... eternamente?

Justicia

Queridos amigos, nunca tomen venganza. Dejen que se encargue la justa ira de Dios. Pues dicen las Escrituras: «Yo tomaré venganza; yo les pagaré lo que se merecen», dice el Señor.

Romanos 12:19 ntv

Él es la Roca, sus obras son perfectas, y todos sus caminos son justos. Dios es fiel; no practica la injusticia. Él es recto y justo.

Deuteronomio 32:4 nvi

El Señor hace justicia a los pobres y defiende el derecho de los necesitados.

Salmos 140:12 nvi

Hay alegría para los que tratan con justicia a los demás y siempre hacen lo que es correcto.

Salmos 106:3 ntv

Amado Dios, a veces, quiero castigar a quienes me hacen sentir mal. Ahora sé que eso te toca a ti. Ayúdame a entregarte mis problemas, porque tú eres el juez justo.

¿Por qué es mejor que dejemos que Dios sea el juez?

Cooperación

Entonces, háganme verdaderamente feliz poniéndose
de acuerdo de todo corazón entre ustedes, amándose
unos a otros y trabajando juntos, con un mismo
pensamiento y un mismo propósito.

FILIPENSES 2:2 NTV

Vivan en paz y armonía unos con otros. No sean
orgullosos, sino amigos de los que la gente desprecia.
No se crean mejores ni más sabios que los demás.

ROMANOS 12:16 PDT

No te hagas amigo de gente violenta,
ni te juntes con los iracundos.

PROVERBIOS 22:24 NVI

Finalmente, vivan todos ustedes en paz y unidad.
Traten de entenderse los unos a los otros.
Ámense como hermanos, sean compasivos y humildes.

1 PEDRO 3:8 PDT

Amado Dios, cooperar significa usar las ideas de los demás y las mías para lograr algo. A veces, peleamos cuando no estamos de acuerdo. Te ruego que me ayudes a ser amorosa y comprensiva, de manera que pueda colaborar mejor con mis amigas.

¿Hubo algún momento en esta semana donde hubieras podido cooperar mejor?

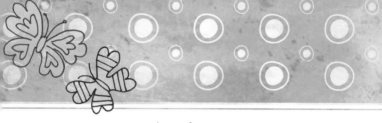

Deleite

Cuando me hablabas, yo devoraba tus palabras;
ellas eran la dicha y la alegría de mi corazón, porque yo
te pertenezco, Señor y Dios todopoderoso.

JEREMÍAS 15:16 DHH

Dios mío, deseo que se haga tu voluntad;
llevo tus enseñanzas en mi corazón.

SALMOS 40:8 PDT

Tus leyes son mi tesoro; son el deleite de mi corazón.

SALMOS 119:111 NTV

Hagan brillar su luz delante de todos, para que ellos
puedan ver las buenas obras de ustedes
y alaben al Padre que está en el cielo.

MATEO 5:16 NVI

Querido Jesús, tú estás en mi corazón y ¡eso me hace feliz! Estoy ansiosa por seguir aprendiendo de ti, porque mientras más sepa, más te amo. Gracias por ser mío.

¿Cuál es tu parte favorita acerca de pertenecer a Jesús?

Empatía

No se ocupen solo de sus propios intereses, sino también
procuren interesarse en los demás.

Filipenses 2:4 ntv

Si alguien que posee bienes materiales ve que su
hermano está pasando necesidad, y no tiene compasión
de él, ¿cómo se puede decir que el amor de Dios habita
en él? Queridos hijos, no amemos de palabra ni de labios
para afuera, sino con hechos y de verdad.

1 Juan 3:17-18 nvi

«Porque tuve hambre, y ustedes me dieron de comer;
tuve sed, y me dieron de beber; fui forastero,
y me dieron alojamiento; necesité ropa, y me vistieron;
estuve enfermo, y me atendieron; estuve en la cárcel,
y me visitaron».

Mateo 25:35-36 nvi

Amado Dios, me importan los demás y quiero ayudarlos.
A veces, solo pienso en mí, en lo que quiero hacer y cuándo
quiero hacerlo. Ayúdame a ser más empática hacia quienes
tienen menos que yo.

¿Qué acto de empatía puedes hacer hoy
por alguien más?

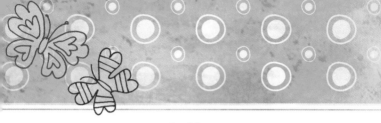

Belleza

Toda tú eres hermosa, amada mía,
bella en todo sentido.

Cantares 4:7 ntv

Procuren más bien la belleza pura,
la que viene de lo íntimo del corazón y que consiste
en un espíritu afectuoso y tranquilo. Esta es la que tiene
valor delante de Dios.

1 Pedro 3:4 nbv

Está revestida de fuerza y dignidad,
y no le teme al futuro.

Proverbios 31:25 nbv

Te daré gracias, porque asombrosa y maravillosamente
he sido hecho; Maravillosas son Tus obras,
y mi alma lo sabe muy bien.

Salmos 139:14 nvi

Amado Dios, no siempre me siento hermosa, pero tú me hiciste, por eso sé que soy maravillosa. Ayúdame a esforzarme en hacer que mi corazón sea hermoso para ti, porque mi interior es más importante que mi apariencia exterior.

¿Qué sientes al saber que Jesús te dice que eres hermosa en todo sentido?

Ayuda

Hermanos míos, que les dé gran alegría cuando pasen
por diferentes pruebas, pues ya saben que cuando su fe
sea puesta a prueba, producirá en ustedes firmeza.

Santiago 1:2-3 nbv

Pero el necesitado no será olvidado para siempre,
ni para siempre se perderá la esperanza del pobre.

Salmos 9:18 nvi

Por lo tanto, renueven las fuerzas de sus manos cansadas
y fortalezcan sus rodillas debilitadas. Tracen un camino
recto para sus pies, a fin de que los débiles y los cojos
no caigan, sino que se fortalezcan.

Hebreos 12:12-14 ntv

«Mi bondad es todo lo que necesitas, porque cuando eres
débil, mi poder se hace más fuerte en ti».

2 Corintios 12:9 pdt

Amado Dios, a veces siento que nada puedo hacer. Estoy muy cansada. Estoy muy débil. Dices que debo alegrarme por esas veces, porque es cuando sé que te necesito. Gracias por ser mi fortaleza.

¿Hubo algo en esta semana que no habrías podido lograr sin la ayuda de Dios?

Eternidad

…nosotros somos ciudadanos del cielo y de allí
esperamos al Salvador, el Señor Jesucristo.

<small>FILIPENSES 3:20 NBV</small>

Y, si me voy y se lo preparo, vendré para llevármelos
conmigo. Así ustedes estarán donde yo esté.

<small>JUAN 14:3 NVI</small>

En un instante, en un abrir y cerrar de ojos, al toque final
de la trompeta. Pues sonará la trompeta y los muertos
resucitarán con un cuerpo incorruptible,
y nosotros seremos transformados.

<small>1 CORINTIOS 15:52 NVI</small>

Ciertamente tu bondad y tu amor inagotable
me seguirán todos los días de mi vida, y en la casa
del SEÑOR viviré por siempre.

<small>SALMOS 23:6 NTV</small>

Querido Jesús, es difícil imaginar una vida eterna. A veces, hasta me da miedo pensar en eso. Sin embargo, vivir eternamente contigo es algo emocionante. Ayúdame a entender el significado de la eternidad y lo maravilloso de este regalo.

¿Qué preguntas tienes sobre la eternidad y el cielo?

Familia

Porque todos son del mismo Padre: tanto los
consagrados como el que los consagra. Por esta razón,
el Hijo de Dios no se avergüenza de llamarlos hermanos.

<small>Hebreos 2:11 dhh</small>

Por lo tanto, siempre que tengamos la oportunidad,
hagamos bien a todos, y en especial
a los de la familia de la fe.

<small>Gálatas 6:10 nvi</small>

…el cuerpo de Cristo también.
Nosotros somos las diversas partes de un solo cuerpo
y nos pertenecemos unos a otros.

<small>Romanos 12:5 ntv</small>

Amado Dios, mi familia es más grande que solo la gente con la que vivo. Tengo toda otra familia con todos tus hijos en el mundo. Gracias por hacerme parte de algo más grande.

¿Qué piensas acerca de tener tantos familiares que aman a Jesús?

Felicidad

Te alabaré, Señor, con todo mi corazón;
contaré de las cosas maravillosas que has hecho.
Gracias a ti, estaré lleno de alegría; cantaré alabanzas
a tu nombre, oh Altísimo.

Salmos 9:1-2 ntv

Señor, solo tú eres mi herencia, mi copa de bendición;
tú proteges todo lo que me pertenece. La tierra que me
has dado es agradable; ¡qué maravillosa herencia!

Salmos 16:5-6 ntv

El corazón alegre se refleja en el rostro,
el corazón dolido deprime el espíritu.

Proverbios 15:13 nvi

…no hay para el ser humano nada mejor que ser feliz
y pasarla bien mientras pueda.

Eclesiastés 3:12 nbv

Amado Dios, te gusta que yo esté contenta. Es mi oración que cuando me sienta triste pueda recordar las bendiciones que me has dado, y sonrío porque tú estás en mi corazón. Ayúdame a sonreír más y a hacer el bien.

En este momento, ¿qué es lo que te hace feliz?

Servicio

Con mi ejemplo les he mostrado
que es preciso trabajar duro para ayudar a los
necesitados, recordando las palabras del Señor Jesús:
«Hay más dicha en dar que en recibir».

HECHOS 20:35 NVI

¿Quién es más importante, el que está a la mesa
o el que sirve? ¿No lo es el que está sentado a la mesa?
Sin embargo, yo estoy entre ustedes como uno que sirve.

LUCAS 22:27 NVI

Cuiden a los necesitados que hay en el pueblo de Dios.
Busquen y reciban en su casa a los que necesitan ayuda.

ROMANOS 12:13 PDT

Querido Jesús, al igual que tú, quiero servir a los demás. Dijiste que es mejor dar que recibir. Es mi oración que yo pueda llegar a ser útil para mis amigos, mi familia y quienes lo necesiten.

¿Qué servicio puedes hacer para tu familia?

Alabanza

Canten al Señor un cántico nuevo, ustedes,
que descienden al mar, y todo lo que hay en él;
canten su alabanza desde los confines de la tierra,
ustedes, costas lejanas y sus habitantes.

Isaías 42:10 nvi

¡Alaben al Señor desde los cielos!
¡Alábenlo desde el firmamento!
¡Alábenlo, todos sus ángeles!
¡Alábenlo, todos los ejércitos celestiales!
¡Alábenlo, sol y luna!
¡Alábenlo, todas las estrellas brillantes!
¡Alábenlo, los altos cielos!
¡Alábenlo, los vapores que están mucho más allá
de las nubes! Que toda cosa creada alabe al Señor,
pues él dio la orden y todo cobró vida.

Salmos 148:1-5 ntv

Amado Dios, gracias por enviar a tu Hijo a morir en mi lugar. Gracias por vivir en mi corazón y por estar conmigo siempre. Gracias por mi familia y mis amigos. Tú mereces toda la alabanza y aún más.

¿Tienes una razón específica para alabar a Dios hoy?

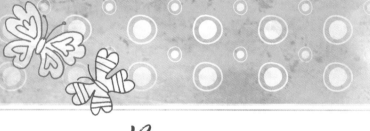

Recompensa

Trabajen de buena gana en todo lo que hagan,
como si fuera para el Señor y no para la gente.
Recuerden que el Señor los recompensará con
una herencia y que el Amo a quien sirven es Cristo.

<small>Colosenses 3:23-24 ntv</small>

Amen a sus enemigos, háganles bien y denles prestado
sin esperar nada a cambio. Así tendrán una gran
recompensa y serán hijos del Altísimo, porque él es
bondadoso con los ingratos y malvados.

<small>Lucas 6:35 nvi</small>

Sin fe es imposible agradar a Dios, ya que cualquiera
que se acerca a Dios tiene que creer que él existe
y que recompensa a quienes lo buscan.

<small>Hebreos 11:6 nvi</small>

Amado Dios, gracias por las recompensas que me das cuando te obedezco. Ayúdame a seguir siendo amable y amorosa con los demás. Quiero que estés orgulloso de mí.

¿Alguna vez Dios te ha recompensado
por alguna obra que hiciste?

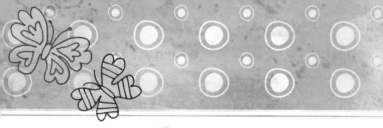

Fortaleza

Dios es nuestro amparo y nuestra fortaleza,
nuestra ayuda segura en momentos de angustia.

<small>SALMOS 46:1 NVI</small>

El Señor es fiel, y él los fortalecerá
y los protegerá del maligno.

<small>2 TESALONICENSES 3:3 NVI</small>

No tengas miedo, porque yo estoy contigo;
no te desalientes, porque yo soy tu Dios.
Te daré fuerzas y te ayudaré; te sostendré
con mi mano derecha victoriosa.

<small>ISAÍAS 41:10 NTV</small>

Amado Dios, cuando escucho cosas como «golpeas como niñita» o «lanzas como niñita», no me siento muy fuerte. Puedo hacer cualquier cosa contigo en mi corazón. Gracias por levantarme y ayudarme a ser fuerte.

¿Qué te hace sentir fuerte?

Tentación

Las tentaciones que enfrentan en su vida no son distintas
de las que otros atraviesan. Y Dios es fiel; no permitirá
que la tentación sea mayor de lo que puedan soportar.
Cuando sean tentados, él les mostrará una salida,
para que puedan resistir.

1 Corintios 10:13 ntv

Estén alerta y oren para que no caigan en tentación.
El espíritu está dispuesto, pero el cuerpo es débil.

Mateo 26:41 nvi

He guardado tu palabra en mi corazón,
para no pecar contra ti.

Salmos 119:11 ntv

Amado Dios, en este mundo hay tentaciones. Las tentaciones para engañar o mentir o tomar lo que no me pertenece. Si siento la tentación de hacer algo malo; en vez de eso, te pido que me ayudes a elegir en lo que es correcto.

¿Qué tentaciones has sentido en el pasado?

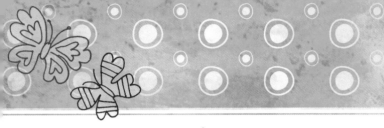

Salud

El mundo se acaba con sus malos deseos,
pero el que hace la voluntad de Dios
permanece para siempre.

1 Juan 2:17 nvi

No seas sabio en tu propia opinión; más bien,
teme al Señor y huye del mal. Esto infundirá salud
a tu cuerpo y fortalecerá tu ser.

Proverbios 3:7-8 nvi

Jamás olvidaré tus mandamientos,
pues por medio de ellos me diste vida.

Salmos 119:93 ntv

El corazón alegre es una buena medicina,
pero el espíritu quebrantado consume las fuerzas.

Proverbios 17:22 ntv

Amado Dios, la gente se enferma a diario. Su cuerpo y su corazón pueden enfermar, pero tú eres el sanador. Es mi oración seguirte siempre, y pedirte que proveas salud para mí y para quienes me rodean.

¿Cómo puedes estar segura de que tu cuerpo y tu corazón estén sanos?

Confianza

Los que conocen tu nombre confían en ti,
porque tú, oh Señor,
no abandonas a los que te buscan.

Salmos 9:10 ntv

Pero yo, Señor, en ti confío, y digo: «Tú eres mi Dios».
Mi vida entera está en tus manos;
líbrame de mis enemigos y perseguidores.

Salmos 31:14-15 nvi

Así es, el Señor está de mi parte; él me ayudará.
Miraré triunfante a los que me odian.
Es mejor refugiarse en el Señor
que confiar en la gente.

Salmos 118:7-8 ntv

Querido Jesús, tú eres la verdad. Sé que puedo confiar en ti, incluso cuando no puedo confiar en este mundo, ni en la gente que lo habita. Ayúdame a acudir a ti cuando tenga necesidad.

¿Cómo sabes que Dios es digno de confianza?

Silencio

Un tiempo para rasgar y un tiempo para remendar.
Un tiempo para callar y un tiempo para hablar.

<small>Eclesiastés 3:7 ntv</small>

Por eso es bueno
esperar en silencio la salvación
que proviene del Señor.

<small>Lamentaciones 3:26 ntv</small>

El que tiene cuidado de lo que dice,
nunca se mete en aprietos.

<small>Proverbios 21:23 dhh</small>

Si se enojan, no pequen;
en la quietud del descanso nocturno
examínense el corazón.

<small>Salmos 4:4 nvi</small>

Amado Dios, es fácil llenar de ruido mi mente. Quiero escuchar música, hablar con mis amigas, ver películas. Necesito ayuda para aprender a estar en silencio de manera que pueda escuchar tu voz.

¿Cuándo fue la última vez que estuviste suficientemente en silencio para escuchar a Dios?

Propósito

Ya que han resucitado con Cristo,
busquen las cosas de arriba, donde está Cristo
sentado a la derecha de Dios.

Colosenses 3:1 nvi

Sabemos que Dios dispone todas las cosas para el bien
de quienes lo aman, los que han sido llamados
de acuerdo con su propósito.

Romanos 8:28 nvi

Hijo mío, presta atención a lo que te digo.
Escucha atentamente mis palabras.
No las pierdas de vista. Déjalas llegar
hasta lo profundo de tu corazón.

Proverbios 4:20-21 ntv

Amado Dios, ayúdame a concentrarme en ti. Mi deber es
pensar en lo que tú me enseñas y compartirlo con los demás.
Muéstrame el propósito que tienes para mí, y ayúdame a
permanecer cerca de ti para que suceda.

¿Cómo te sientes cuando piensas en que Dios
tiene un propósito especial para tu vida?

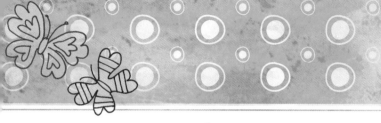

Amabilidad

Sean amables unos con otros, sean de buen corazón,
y perdónense unos a otros, tal como Dios
los ha perdonado a ustedes por medio de Cristo.

EFESIOS 4:32 NTV

El que es bondadoso se beneficia a sí mismo;
el que es cruel, a sí mismo se perjudica.

PROVERBIOS 11:17 NVI

¿No te das cuenta de lo bondadoso, tolerante y paciente
que es Dios contigo? ¿Acaso eso no significa nada
para ti? ¿No ves que la bondad de Dios es para guiarte
a que te arrepientas y abandones tu pecado?

ROMANOS 2:4 NTV

¡Grande es su amor por nosotros!
¡La fidelidad del SEÑOR es eterna! ¡Aleluya!
¡Alabado sea el SEÑOR!

SALMOS 117:2 NVI

Querido Jesús, no siempre es fácil ser amable con todos, pero sé que aun cuando no lo merezca, tú siempre dirás que soy tu hija preciosa. Ayúdame a seguir tu ejemplo para ser amable en todo lo que haga.

¿Cuál fue el acto de amabilidad más reciente que alguien te demostró?

Aprendizaje

Adquirir sabiduría es amarte a ti mismo;
los que atesoran el entendimiento prosperarán.

<small>PROVERBIOS 19:8 NTV</small>

Presta atención a mi sabiduría; escucha cuidadosamente
mi sabio consejo. Entonces demostrarás discernimiento,
y tus labios expresarán lo que has aprendido.

<small>PROVERBIOS 5:1-2 NTV</small>

Aférrate a la instrucción, no la dejes escapar;
cuídala bien, que ella es tu vida.

<small>PROVERBIOS 4:13 NVI</small>

Pongan en práctica lo que de mí han aprendido,
recibido y oído, y lo que han visto en mí,
y el Dios de paz estará con ustedes.

<small>FILIPENSES 4:9 NVI</small>

Amado Dios, no siempre me gusta hacer las tareas, pero sí me encanta aprender. Tú dices que escuchemos y nos aferremos a lo que hemos aprendido, así lo haré. Ayúdame a poner en práctica lo que aprenda para ser diariamente más como tú.

¿Cuál es tu parte favorita del aprendizaje?

Gracia

Que sus conversaciones sean cordiales y agradables,
a fin de que ustedes tengan la respuesta adecuada
para cada persona.

<small>COLOSENSES 4:6 NTV</small>

Y él da gracia con generosidad.
Como dicen las Escrituras:
«Dios se opone a los orgullosos,
pero da gracia a los humildes».

<small>SANTIAGO 4:6 NTV</small>

El pecado ya no es más su amo, porque ustedes
ya no viven bajo las exigencias de la ley.
En cambio, viven en la libertad de la gracia de Dios.

<small>ROMANOS 6:14 NTV</small>

Amado Dios, quiero ser una hija perfecta para ti, pero ambos sabemos que eso no es posible. Tu gracia significa que me amas a pesar de que soy pecadora. Gracias por quererme aun cuando no lo merezca.

¿Cómo es la gracia para ti?

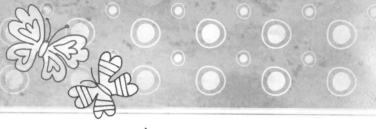

Desánimo

Porque yo sé muy bien los planes
que tengo para ustedes —afirma el Señor—,
planes de bienestar y no de calamidad,
a fin de darles un futuro y una esperanza.

Jeremías 29:11 nvi

Vengan a mí todos ustedes que están cansados
y agobiados, y yo les daré descanso.

Mateo 11:28 nvi

Y este mismo Dios quien me cuida
suplirá todo lo que necesiten, de las gloriosas riquezas
que nos ha dado por medio de Cristo Jesús.

Filipenses 4:19 ntv

Amado Dios, gracias por edificarme cuando no me siento segura. Hay días en que me siento desanimada. Quizá eché a perder un proyecto y recibí una nota muy baja. No dejes que me rinda, y ayúdame a acudir a ti para que me des esperanza.

¿Le pides ayuda a Dios cuando estás desanimada?

Generosidad

No seas mezquino, sino generoso, y así el Señor tu Dios
bendecirá todos tus trabajos y todo lo que emprendas.

Deuteronomio 15:10 nvi

Cada uno debe dar según lo que haya decidido
en su corazón, no de mala gana ni por obligación,
porque Dios ama al que da con alegría.

2 Corintios 9:7 nvi

Si ayudas al pobre, le prestas al Señor,
¡y él te lo pagará!

Proverbios 19:17 ntv

Amado Dios, qué bien se siente ser generosa con los demás, así como cuando comparto mi comida o mi ropa. Se siente aún mejor saber que cuando ayudo a los demás, ¡te estoy ayudando a ti! Quiero ser una persona felizmente generosa. Ayúdame a dar generosamente.

¿Cómo te sientes cuando compartes algo con los demás?

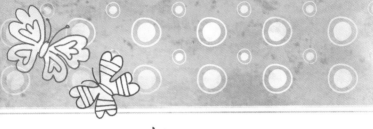

Devoción

Luego dijo Jesús a sus discípulos:
—Si alguien quiere ser mi discípulo, tiene que negarse
a sí mismo, tomar su cruz y seguirme.

<small>MATEO 16:24 NVI</small>

«Ningún sirviente puede servir a dos amos;
porque odiará a uno y querrá al otro,
o será fiel a uno y despreciará al otro.
No se puede servir a Dios y a las riquezas».

<small>LUCAS 16:13 DHH</small>

Esfuérzate para poder presentarte delante de Dios
y recibir su aprobación. Sé un buen obrero,
alguien que no tiene de qué avergonzarse y que explica
correctamente la palabra de verdad.

<small>2 TIMOTEO 2:15 NTV</small>

Amado Dios, para ti rendirte devoción significa amor, lealtad y alabanza. Me has dado tanto por qué estar agradecida en este mundo, pero es mi oración que recuerde mantener mis ojos fijos en ti. Tú eres lo más importante de todo.

¿Cómo puedes consagrar más tu vida a Dios?

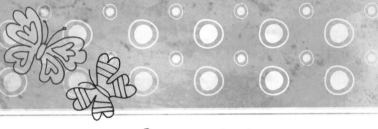

Creatividad

¡Oh Señor, cuán numerosas son tus obras!
¡Todas ellas las hiciste con sabiduría!
¡Rebosa la tierra con todas tus criaturas!

Salmos 104:24 nvi

Pues somos la obra maestra de Dios.
Él nos creó de nuevo en Cristo Jesús,
a fin de que hagamos las cosas buenas
que preparó para nosotros tiempo atrás.

Efesios 2:10 ntv

Y lo ha llenado del Espíritu de Dios en sabiduría,
en inteligencia, en conocimiento y en toda clase de arte.

Éxodo 35:31 nbla

Tenemos dones diferentes,
según la gracia que se nos ha dado.

Romanos 12:6 nvi

Amado Dios, tú eres un artista maravilloso. Creaste todos los colores hermosos y todos los rostros diferentes en este mundo. Ayúdame a ser creativa y a empezar a poner en práctica los dones que me has dado.

¿De qué manera puedes usar tu creatividad para Dios?

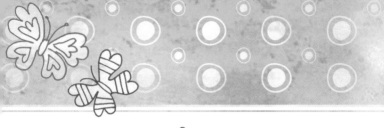

Guía

Encamíname en tu verdad, ¡enséñame!
Tú eres mi Dios y Salvador;
¡en ti pongo mi esperanza todo el día!

Salmos 25:5 nvi

El que es sabio y los escucha, adquiere mayor sabiduría,
y el entendido recibe dirección.

Proverbios 1:5 nbv

Podemos hacer nuestros planes,
pero el Señor determina nuestros pasos.

Proverbios 16:9 ntv

Pues todos los que son guiados por el Espíritu de Dios
son hijos de Dios.

Romanos 8:14 ntv

Amado Dios, a veces quiero hacerlo todo sola. Muchas veces pienso que sé lo que es mejor para mí. Ayúdame a dejar de pensar así, porque tú eres el único que debe guiar mis pasos y mi vida.

¿Hay algo en lo que Dios pueda guiarte hoy?

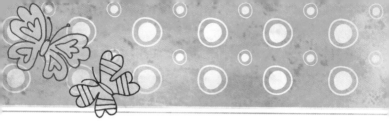

Vida

Que toda la alabanza sea para Dios,
el Padre de nuestro Señor Jesucristo.
Es por su gran misericordia que hemos nacido de nuevo,
porque Dios levantó a Jesucristo de los muertos.
Ahora vivimos con gran expectación.

1 Pedro 1:3 ntv

Esta verdad les da la confianza de que tienen
la vida eterna, la cual Dios —quien no miente—
les prometió antes de que comenzara el mundo.

Tito 1:2 ntv

Yo soy el camino, la verdad y la vida;
nadie puede ir al Padre si no es por medio de mí.

Juan 14:6 ntv

Amado Dios, gracias por la vida que me has dado.
¡Estoy muy contenta de que estés conmigo y en mi corazón,
porque yo tengo el privilegio de vivir eternamente!
Es mi oración que yo pueda usar todo lo que me has dado
para complacerte a ti.

¿Qué es lo que más te gusta de tu vida?

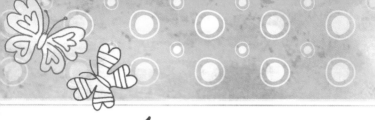

Integridad

Yo sé, mi Dios, que tú pruebas los corazones
y amas la rectitud. Por eso, con rectitud de corazón
te he ofrecido voluntariamente todas estas cosas.

1 Crónicas 29:17 nvi

Entonces, si no hacen caso al más insignificante
mandamiento y les enseñan a los demás a hacer
lo mismo, serán llamados los más insignificantes en el
reino del cielo; pero el que obedece las leyes de Dios
y las enseña será llamado grande en el reino del cielo.

Mateo 5:19 ntv

Las personas con integridad caminan seguras,
pero las que toman caminos torcidos serán descubiertas.

Proverbios 10:9 ntv

Amado Dios, vivir con integridad significa ser honesta y pura en todo momento. Sé que no soy perfecta, pero también sé cómo quieres que yo viva. Ayúdame a ser un buen ejemplo de integridad ante mis amigos y mi familia.

¿Qué significa para ti la integridad?

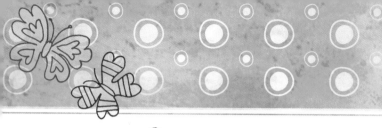

Compasión

Cuando estoy con los que son débiles, me hago débil
con ellos, porque deseo llevar a los débiles a Cristo.
Sí, con todos trato de encontrar algo que tengamos
en común, y hago todo lo posible para salvar a algunos.

1 Corintios 9:22 ntv

Ten misericordia de mí, oh Dios,
debido a tu amor inagotable;
a causa de tu gran compasión,
borra la mancha de mis pecados.

Salmos 51:1 ntv

Alabado sea el Dios y Padre de nuestro Señor Jesucristo,
Padre misericordioso y Dios de toda consolación.

2 Corintios 1:3 nvi

Amado Dios, gracias por ser compasivo conmigo. Qué bueno es saber que quieres que te comparta mis problemas. Guíame a tener compasión de mis amigos y de mi familia de manera que pueda demostrarles a ellos el amor que tú me has demostrado a mí.

¿Cómo puedes ser una amiga más compasiva?

Bondad

Todo lo que Dios ha creado es bueno,
y nada es despreciable si se recibe con acción de gracias.

1 Timoteo 4:4 nvi

Prueben y vean que el Señor es bueno;
¡qué alegría para los que se refugian en él!

Salmos 34:8 ntv

Mis amados hermanos, estoy plenamente convencido
de que ustedes están llenos de bondad.
Conocen estas cosas tan bien
que pueden enseñárselas unos a otros.

Romanos 15:14 ntv

Amado Dios, a veces las tareas de la escuela son frustrantes y otras, mi familia me molesta. Sé que me creaste para ser buena y para compartir esa bondad con los demás. Incluso si no siempre es fácil hacerlo, te ruego que los demás puedan ver tu bondad en mí.

¿Qué es lo difícil de ser buena siempre?

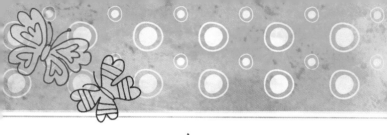

Luz

«Yo soy la luz del mundo. El que me sigue no andará
en tinieblas, sino que tendrá la luz de la vida».

Juan 8:12 nvi

«Ustedes son la luz del mundo, como una ciudad
en lo alto de una colina que no puede esconderse.
Nadie enciende una lámpara y luego la pone debajo
de una canasta. En cambio, la coloca en un lugar alto
donde ilumina a todos los que están en la casa.
De la misma manera, dejen que sus buenas acciones
brillen a la vista de todos, para que todos
alaben a su Padre celestial».

Mateo 5:14-16 ntv

Ustedes antes vivían en la oscuridad, pero ahora,
por estar unidos al Señor, viven en la luz.
Pórtense como quienes pertenecen a la luz.

Efesios 5:8 dhh

Querido Jesús, gracias a ti vivo en la luz en vez de en la oscuridad. No quiero que mis amigas estén en oscuridad. ¡Por eso debo mostrarles mi luz! Ayúdame a tener la seguridad en mí misma para compartir las buenas nuevas con ellas.

¿Cómo puedes ser una luz con más brillo por amor a Jesús?

Ansiedad

Al de carácter firme lo guardarás en perfecta paz,
porque en ti confía.

Isaías 26:3 nvi

No dejen que el corazón se les llene de angustia;
confíen en Dios y confíen también en mí.

Juan 14:1 ntv

Pongan todas sus preocupaciones y ansiedades
en las manos de Dios, porque él cuida de ustedes.

1 Pedro 5:7 ntv

En mi angustia, supliqué a Dios y me respondió.

Salmos 120:1 nbv

Amado Dios, debo aprender a confiar más en ti, porque tú tienes cuidado de mí y de mis problemas. Los exámenes me ponen ansiosa, pero yo nunca debo sentirme de esa manera. Ayúdame a acudir a ti la próxima vez que me sienta ansiosa.

¿Qué pasos puedes dar para estar menos ansiosa y confiar más en Dios?

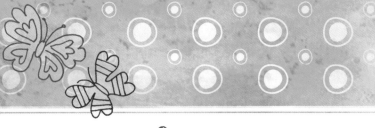

Cortesía

Cada uno debe agradar al prójimo para su bien,
con el fin de edificarlo. Porque ni siquiera Cristo
se agradó a sí mismo, sino que, como está escrito:
«Sobre mí han recaído los insultos de tus detractores».

Romanos 15:2-3 nvi

Den hospedaje a los que lo necesitan, pues recuerden
que algunos que así lo hicieron, sin darse cuenta,
hospedaron ángeles.

Hebreos 13:2 pdt

Recuérdales a los creyentes que se sometan al gobierno
y a sus funcionarios. Tienen que ser obedientes,
siempre dispuestos a hacer lo que es bueno.
No deben calumniar a nadie y tienen que evitar pleitos.
En cambio, deben ser amables y mostrar verdadera
humildad en el trato con todos.

Tito 3:1-2 ntv

Amado Dios, cortesía significa ser respetuosa y considerada y poner a los demás antes que yo. No es solo con los amigos y la familia con quienes debo ser cortés. Tú dices que los extraños podrían ser ángeles, así que debo ser cordial y agradable con todos.

¿Por qué es tan difícil poner a los demás antes que a ti misma?

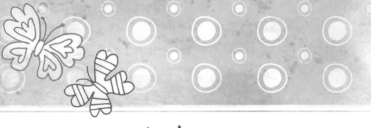

Valentía

Y predicaba el reino de Dios y enseñaba acerca del
Señor Jesucristo sin impedimento y sin temor alguno.

Hechos 28:31 nvi

El malvado huye sin que nadie lo persiga;
pero el justo vive confiado como león.

Proverbios 28:1 nbv

Cuando te llamé, me respondiste;
me infundiste ánimo y renovaste mis fuerzas.

Salmos 138:3 nvi

Así que acerquémonos con toda confianza al trono
de la gracia de nuestro Dios. Allí recibiremos
su misericordia y encontraremos la gracia que
nos ayudará cuando más la necesitemos.

Hebreos 4:16 ntv

Amado Dios, a veces quiero estar en silencio y ser invisible, pero ¡tú quieres que yo sea una joven cristiana y valiente! Ya que me has dado la fuerza y la confianza en mí misma, te ruego que me ayudes a contarle a mis amigas sobre tu valentía.

¿Por qué a veces es difícil ser valiente?

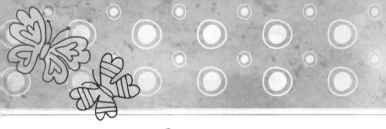

Cambio

Les aseguro que a menos que ustedes cambien
y se vuelvan como niños,
no entrarán en el reino de los cielos.

Mateo 18:3 nvi

Fíjense bien en el misterio que les voy a revelar: No todos
moriremos, pero todos seremos transformados.

1 Corintios 15:51 nvi

Él tomará nuestro débil cuerpo mortal y lo transformará
en un cuerpo glorioso, igual al de él.
Lo hará valiéndose del mismo poder con el que pondrá
todas las cosas bajo su dominio.

Filipenses 3:21 ntv

Jesucristo es el mismo ayer, hoy y siempre.

Hebreos 13:8 ntv

Amado Dios, estoy ansiosa por recibir el cambio que me darás. Estoy emocionada y un poco nerviosa por ese día, pero siento que conocerte mejor nunca cambiará. Tú y tus promesas son eternas, nunca dejarán de ser.

¿Qué significa llegar a ser como niños pequeños?

Gentileza

Acepten el yugo que les pongo, y aprendan de mí,
que soy paciente y de corazón humilde;
así encontrarán descanso.

MATEO 11:29 DHH

Respondemos con gentileza cuando dicen
cosas malas de nosotros.

1 CORINTIOS 4:13 NTV

La respuesta amable calma el enojo,
pero la agresiva echa leña al fuego.

PROVERBIOS 15:1 NVI

Dado que Dios los eligió para que sean su pueblo santo
y amado por él, ustedes tienen que vestirse de tierna
compasión, bondad, humildad, gentileza y paciencia.

COLOSENSES 3:12 NTV

Amado Dios, admiro lo gentil que eres con tus hijos. Quiero tratar a los demás con la misma gentileza. Es cierto que las discusiones son mucho más pacíficas cuando las respuestas son amables en vez de ásperas. Ayúdame a tener eso presente.

¿Qué pasos puedes dar para volverte más gentil?

Soledad

«Enseñen a los nuevos discípulos a obedecer todos
los mandatos que les he dado. Y tengan por seguro esto:
que estoy con ustedes siempre,
hasta el fin de los tiempos».

MATEO 28:20 NTV

El SEÑOR está cerca de todos los que lo invocan,
sí, de todos los que lo invocan de verdad.

SALMOS 145:18 NTV

¿Quién podrá apartarnos del amor de Cristo?
¿El sufrimiento, la angustia, la persecución, el hambre,
la pobreza, el peligro, las amenazas de muerte?

ROMANOS 8:35 NBV

«Sean fuertes y valientes. No teman ni se asusten
ante esas naciones, pues el SEÑOR su Dios siempre
los acompañará; nunca los dejará ni los abandonará».

DEUTERONOMIO 31:6 NVI

Amado Dios, a veces me siento sola, pero es agradable saber que nunca estoy verdaderamente sola, incluso si mi familia no está cerca. No tengo razón alguna para estar triste o asustada, porque tú estás justo a mi lado en todo momento.

¿Cuándo te sientes sola?

Creencia

«…te pido también por los que creerán en mí
por medio de la enseñanza de ellos».

Juan 17:20 PDT

A todos los que creyeron en él y lo recibieron,
les dio el derecho de llegar a ser hijos de Dios.

Juan 1:12 NTV

Cualquiera que se acerque a Dios debe creer que
Dios existe y que premia a los que lo buscan.

Hebreos 11:6 PDT

Debe apegarse a la palabra fiel, según la enseñanza
que recibió, de modo que también pueda exhortar a otros
con la sana doctrina y refutar a los que se opongan.

Tito 1:9 NVI

Querido Jesús, gracias por morir por mí. Creo en ti y quiero vivir diariamente para ti. Ayúdame a aprender de ti tanto como pueda por si alguna vez deba defender tu nombre.

¿Cuándo empezaste a creer en Jesús?

BroadStreet Publishing Group, LLC
Savage, Minnesota, EUA
BroadStreetPublishing.com

Oraciones y promesas para las Niñas

Derechos de edición en español, © 2024 por BroadStreet Publishing
Publicado originalmente en inglés con el título *Prayers and Promises for Girls,*
© 2017 por BroadStreet Publishing

ISBN: 978-1-4245-6801-7 (piel símil)
e-ISBN: 978-1-4245-6802-4 (libro electrónico)

Diseño por Chris Garborg | garborgdesign.com
Compilación por Kendall Moon, edición en inglés por Michelle Winger
Traducción, adaptación del diseño y corrección en español por LM Editorial
Services | lmeditorial.com | lydia@lmeditorial.com con la colaboración de
Yvette Fernández-Cortez (traducción) y www.produccioneditorial.com (tipografía)

Impreso en China / Printed in China

24 25 26 27 28 * 6 5 4 3 2 1